AF250765

DU NOUVEAU

PROJET DE LOI

SUR LA PRESSE.

DE L'IMPRIMERIE DE RENAUDIERE,
RUE DES PROUVAIRES, N°. 16.

DU NOUVEAU

PROJET DE LOI

SUR LA PRESSE,

PAR M. COMTE.

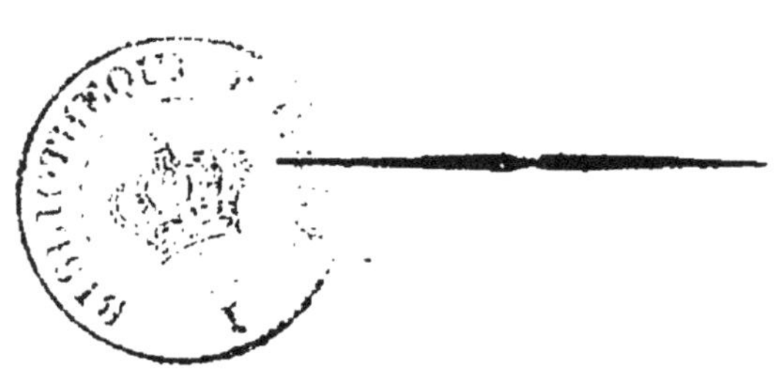

A PARIS.

AU BUREAU DU CENSEUR EUROPÉEN,
RUE GÎT-LE-CŒUR, N°. 10.

1817.

DU NOUVEAU PROJET DE LOI SUR LA PRESSE.

IL est en politique un problème fort difficile à résoudre : il consiste à trouver le moyen de supprimer, sans scandale et sans bruit, toute vérité qui peut offenser les hommes en pouvoir, et à persuader en même temps aux peuples que rien de ce qui les intéresse ne peut leur être caché. Depuis près de trois ans, toutes les têtes ministérielles paraissent occupées de la solution de ce grand problème. Jusqu'ici on n'a pu remplir encore qu'une seule des conditions.

Ce n'est pas que les hommes investis du pouvoir de commander aux autres, aient l'intention d'étouffer toutes les vérités utiles ; au contraire, la plupart d'entre eux ne desirent rien tant que de voir le public jouir pleinement des avantages qui résultent de la liberté de la presse ; et, si quelquefois, ils portent atteinte à cette liberté, c'est toujours malgré eux, et par les précautions même qu'ils prennent pour nous en faire jouir.

Quels hommes, plus que nos ministres actuels ou que les magistrats qui composent nos tribunaux, peuvent se flatter d'aimer sincèrement la liberté de la presse ? Hé bien, le dirai-je ! je crains que les efforts qu'ils ont faits jusqu'ici pour nous en assurer l'exercice, n'aient pas eu tout le succès que méritaient des intentions si honorables : je crains que leurs jugemens et leurs projets de loi ne puissent pas nous conduire au but que les auteurs ont dit vouloir atteindre.

Pour apprécier ce nouveau projet de loi, il ne faut pas supposer que nous aurons toujours des ministres amis de la liberté, et des magistrats éclairés, intègres et indépendans. Il faut supposer, au contraire, que nous pourrons avoir des ministres qui craindront de voir exposer aux yeux du public les vices de leur administration, et qui seront bien plus jaloux de rester en place et de faire fortune, que de protéger la liberté des citoyens, ou de détruire les abus. Il faut supposer aussi qu'il pourra se glisser dans les tribunaux des hommes ignorans, passionnés, vindicatifs et toujours prêts à frapper les victimes qui leur seraient amenées par les agens du pouvoir ministériel. Cela arrivera peu sans doute; mais il suffit que cela soit possible, pour qu'il soit nécessaire de prévenir le mal qui en serait la suite, si jamais cela arrivait. La plupart des lois seraient inutiles, si les peuples n'avaient jamais que des ministres ou des magistrats éclairés et intègres.

La presse peut être un instrument de dommage : tout le monde est disposé à en convenir. Mais elle a cela de commun avec tous les objets qui se trouvent placés dans les mains des hommes; et, s'il suffisait qu'une chose pût être employée à mauvaise fin, pour qu'il fût nécessaire de faire une loi sur cette chose, nous aurions presque autant de lois qu'il y a d'objets dans la nature; nous aurions la loi du feu, de la poudre, du fusil, du sabre, de la plume, et même de la voix. Une loi spéciale sur la presse est donc inutile : il faut s'occuper du mal qui peut être commis, et ne pas se mettre en peine de l'instrument avec lequel on peut le commettre.

Les ministres en jugent autrement : ils pensent que l'instrument qui sert à multiplier rapidement les copies d'un même écrit, et que nous appelons une *presse*, doit être soumis à une législation spéciale : ils ne nous font pas connaître

1 *

(4)

leurs raisons; nous pourrons les deviner en exà-
minant leur projet de loi.

Une loi sur la presse peut avoir au moins
quatre objets différens : elle peut avoir pour
objet, 1°. de prévenir les délits; 2°. d'établir
des peines contre les délinquans; 3°. d'assurer
aux parties lésées la réparation des dommages
qui leur ont été causés; 4°. de régler les formes
à suivre, soit pour faire prononcer la punition
des coupables, soit pour obtenir la réparation
des dommages soufferts.

Quel que soit le nom qu'on donne à une loi
destinée à prévenir les abus de la presse, c'est
la censure plus ou moins déguisée; c'est l'anéantissement de la liberté. On a voulu nous persuader qu'en plaçant la censure après l'impression, mais avant la publication, on nous avait
accordé quelque chose; comme s'il était plus
avantageux de faire censurer un ouvrage dont
l'impression a occasionné des frais immenses,
que de faire censurer un manuscrit? Ce n'est
pas tout; après avoir ordonné aux écrivains
de soumettre à la censure de la police, avant
toute publication, les ouvrages imprimés, on a
puni ceux qui se sont conformés à cette disposition, et en même temps on a confisqué leurs

écrits : on a cru qu'en faisant appliquer des peines contre les auteurs par les juges qui exerceraient *la censure avant la publication*, on aurait l'air d'établir la liberté ; et c'est tout ce qu'on voulait.

J'ai fait voir ailleurs que cette pratique était tout à la fois absurde et atroce ; et cela a été si bien démontré que des juges qui en faisaient l'application depuis deux ans, et qui sont peu habitués à reculer devant les absurdités, n'ont pas osé, dans cette circonstance, accorder pleinement leur sanction à celle-ci. Pour trouver que des auteurs étaient punissables, quoique le dépôt de cinq exemplaires eût été fait à la police, ils ont été obligés de considérer comme une publication antérieure au dépôt, la remise de quelques exemplaires faite aux auteurs par l'imprimeur. Les auteurs, ont - ils dit, ne peuvent même s'appuyer, pour obtenir cette restriction, sur ce qu'ils ont exécuté la loi ; *puisqu'ayant reçu de l'imprimeur un certain nombre d'exemplaires de leur ouvrage avant que le récépissé du dépôt eût été délivré, il est prouvé qu'ils l'ont enfreinte.* C'était échapper à une absurdité par une autre ; car il sera toujours absurde de considérer comme une publication, la remise faite par un imprimeur à

(6)

un auteur, de quelques exemplaires de son livre.

Il semble que les auteurs du nouveau projet de loi ont eux-mêmes été frappés de l'absurdité qu'il y a à punir des écrivains qui, avant de publier leurs ouvrages, les portent à l'autorité chargée de les examiner, et qui attendent, pour les livrer au public, que la permission leur en ait été accordée par la remise du récépissé du dépôt; car ils ont reconnu que, sauf les cas où la déclaration avant l'impression n'aurait pas été faite, et où l'écrit contiendrait une provocation directe à des crimes, *nul ne pourrait être poursuivi pour un écrit imprimé qu'autant qu'il y aurait eu publication dudit écrit.* Par cette disposition, ils ont paru renoncer à *prévenir*, par un examen antérieur à la publication, les abus qui pourraient être la suite de la liberté de la presse. Mais cette renonciation a été purement nominale, puisqu'après l'avoir faite, les auteurs du projet ont ajouté immédiatement :

» Sont considérés comme publication, soit la » distribution de tout *ou de partie* de l'écrit, » *soit le dépôt qui en est fait en exécution de* » *l'article* 14 *de la loi du* 21 *octobre* 1814. »

Ainsi, sous la nouvelle loi, comme sous la loi du 21 octobre, nul ne pourra exposer un ouvrage en vente sous peine de mille francs d'amende et de saisie, avant que d'en avoir déposé cinq exemplaires dans un des bureaux de la police, et avant que le récépissé du dépôt ait été délivré : seulement ce dépôt sera appelé *publication*, et les choses resteront dans le même état qu'auparavant. Mais quel sera l'objet de cette publication qui ne sera point une publication pour le public, si ce n'est de mettre les agens de la police à même d'examiner l'ouvrage et de le faire saisir avant qu'il soit publié, s'il leur déplait ? la composition, ni l'impression ne sont point punissables ; on en convient. Et pourquoi cela ? parce qu'un ouvrage qui n'est point publié ne peut causer aucun dommage et qu'on n'aurait pas le droit de publier ses opinions s'il fallait les soumettre à l'examen de l'autorité avant la publication. Mais quel dommage peuvent causer les cinq exemplaires qu'on remet, avant la publication, aux agens de la police chargés d'en faire l'examen ? Si cette remise est une publication dangereuse, il faut également punir la communication de l'ouvrage à l'imprimeur, aux ouvriers qui le composent, aux protes qui en corrigent les épreuves, et aux brocheurs qui en assemblent les feuilles ; car tous ces gens là le lisent ou peuvent le lire. Qu'importe d'ailleurs que la censure s'exerce sur l'ouvrage manuscrit ou sur l'ouvrage imprimé, si elle doit nécessairement avoir lieu avant la publication ?

Étrange contradiction ! L'obligation de déposer cinq exemplaires de l'ouvrage avant la publication, est prescrite sous de fortes peines, et d'un autre côté l'exécution de cette obligation est un délit qui peut être puni de peines plus fortes encore ! Si un auteur ne fait pas faire le dépôt, son ouvrage est confisqué, l'imprimeur est condamné à une amende de mille francs, son imprimerie peut même lui être enlevée ; s'il le fait faire, il est convaincu d'avoir fait par cela même une publication punissable, et livré aux tribunaux qui en font prompte et bonne justice. Ainsi, pour la première fois, chez un peuple civilisé, l'exécution d'une loi destinée à prévenir les délits, est punie comme les délits même qu'on a voulu prévenir ! En prescrivant aux auteurs le dépôt de cinq exemplaires de leurs ouvrages, on veut prévenir la distribution d'ouvrages dangereux, et l'on punit les auteurs qui font faire ce dépôt, des mêmes peines que ceux qui font des distributions clandestines !

Si l'on ne veut pas renoncer à toutes les règles de la justice, je dirai même du sens commun, il n'y a pas de milieu, ou il ne faut pas imposer aux écrivains l'obligation de déposer des exemplaires de leurs ouvrages à la police et d'attendre le récépissé du dépôt, ou il ne faut pas les punir lorsqu'ils ont rempli cette obligation ; car, dans ce dernier cas, ils ont fait tout ce que la loi leur a prescrit et tout ce qui a dépendu d'eux pour prévenir le mal que leurs ouvrages auraient pu faire. Si, après le dépôt, et avant la remise du récépissé qui équivaut à une autorisation de publier, la police fait examiner l'ouvrage déposé, la censure préalable existe, et l'on ne doit pas punir les écrivains qui s'y soumettent : c'est bien assez de les obliger à faire imprimer leur ouvrage, et de le mutiler ou de le supprimer après l'impression. Si la police ne fait pas examiner l'ouvrage, le dépôt est inutile, et il ne faut pas y astreindre les auteurs.

Le public ne saurait jamais s'imaginer combien il faut y regarder de près dans la rédaction des lois. Le moindre vice de langage, la moindre inexactitude dans les expressions suffisent pour dénaturer les institutions d'un peuple. De toutes parts on a demandé *la liberté de la presse*. Qu'ont fait les ministres ? Ils ont présenté un projet de loi qui a permis d'*imprimer librement* ; mais qui leur a donné le moyen de faire examiner dans leurs bureaux, toute espèce d'écrits, *avant la publication*; et ce n'est qu'après cet examen préalable, qu'il a été permis de publier un écrit. Pour avoir l'air de ne pas *prévenir* les abus de la presse, on a poursuivi, incarcéré, condamné les auteurs qui se sont soumis à cette censure préalable et forcée; et là-dessus, quelques imbéciles, ou quelques hypocrites, se sont écriés : voyez combien la presse est libre ! on imprime tout ce qu'on veut ; il n'y a point de censure avant l'impression ! Et puis, on ne *prévient* pas les abus de la presse ; on les *réprime* ! les registres des prisons ou du greffe de la police correctionnelle en font foi ! Quel régime libéral !

Cependant, ce n'est pas ainsi que dispose l'article 8 de la loi constitutionnelle. « Les Français, » dit cet article, ont le droit de *publier* et de » faire imprimer leurs opinions, en se confor- » mant aux lois qui doivent *réprimer* les abus » de cette liberté. »

Or, comment cet article peut-il se concilier avec une loi qui donne à la police le moyen d'empêcher qu'aucun écrit ne soit *publié*, avant qu'elle l'ait fait examiner dans ses bureaux ? avec une loi qui l'autorise à *prévenir* les abus du *droit de publier* ses opinions, en lui donnant la faculté de faire saisir toute espèce d'ouvrages avant qu'aucun exemplaire en ait été *publié?* Si l'on ne veut pas que les mots jurent sans cesse avec les choses, il faut rectifier l'article 8 de la Charte, et dire que *les Français auront le droit de publier leurs opinions, toutes les fois que la police voudra bien le leur permettre;* ou bien que *le droit de publier leurs opinions consistera à porter dans les bureaux d'un ministre cinq exemplaires de leurs ouvrages;* ou mieux encore, que *le droit garanti à tous les Français, de publier leurs opinions, consistera à communiquer leurs ouvrages à des censeurs qui pourront les mutiler ou les confisquer, et que les écrivains qui abuseront de ce droit précieux, seront poursuivis et punis suivant toute la rigueur des lois?*

C'est, en effet, à cela que la police et les tribunaux avaient déjà réduit l'article 8 de la Charte. Leur doctrine, contre laquelle la raison publique s'était soulevée, ayant été attaquée, et les tribunaux en ayant eux-mêmes paru honteux, il est devenu nécessaire de la faire sanctionner par l'autorité législative, afin d'imposer silence aux raisonneurs. Je l'avoue, je ne saurais m'empêcher de considérer la seconde partie de l'article 8 du nouveau projet de loi, comme une réponse aux objections qui ont été faites contre les poursuites du ministère public dans l'affaire relative au troisième volume du Censeur Européen (1).

Le nouveau projet de loi consacre donc les pratiques de la police et la jurisprudeuce des tribunaux ; il donne à l'autorité, le moyen de *prévenir* les abus de la presse, par l'examen et la saisie des écrits avant la publication ; il est donc destructif de toute liberté ; il est pire même que la loi qui établissait la censure sur les manuscrits, puisqu'il autorise la confiscation des ouvrages imprimés qu'on a soumis à la police avant la publication, et qu'il permet aux tribunaux d'infliger des peines très-graves aux écrivains qui se sont soumis à cette censure préalable.

L'effet nécessaire du nouveau projet de loi doit donc être de prévenir les abus de la presse, et de détruire ainsi par une censure antérieure à la publication, le droit reconnu qu'ont les français de publier leurs opinions. Cet effet est tout-à-fait contraire au but que se proposent les auteurs du

***

(1) Voyez le quatrième volume du Censeur Furopéen, page 232 et suivantes, et le 5e. volume, pages 139 et suivantes. Voyez surtout les conclusions motivées, données devant la Cour royale, depuis la page 20 jusqu'à la page 30.

projet ; car ils assurent qu'ils veulent que chacun jouisse du droit de publier ses opinions, et il n'est pas permis de douter de la sincérité de leurs protestations.

Ce projet de loi caractérise-t-il un nouveau genre de délit? non , il s'en rapporte au Code pénal et à la loi du 9 novembre, qui ont tout prévu, tout puni. Fait-il disparaître au moins les obscurités qui existent dans ces lois? pas davantage : il laisse les choses dans l'état où elles étaient à cet égard. Adoucit-il les peines qui avaient été portées? il n'y change rien, et le juge le plus sévère, on peut même dire le plus cruel , trouvera toujours une loi plus sévère ou plus cruelle que lui. Il semble cependant que le Code pénal de Bonaparte aurait bien dû suffire. Treilhard, qui en fut le rédacteur, s'était formé sur les lois de Tibère ; devait-on s'attendre qu'il viendrait un temps où des ministres croiraient avoir besoin d'ajouter à son ouvrage?

Quand la terrible loi du 9 novembre fut portée aux chambres, on la leur présenta comme une loi d'exception que les circonstances rendaient nécessaires ; il fut dit expressément dans le préambule qu'elle ne durerait que jusqu'à ce que les cours prévôtales auraient été établies : cependant les cours prévôtales ont été établies et ont disparu, et cette loi subsiste encore. Il est fâcheux pour les ministres, qu'ayant obtenu la dissolution de la chambre de 1815, il n'ayent pas pu faire rapporter une seule des mesures qui furent prises dans ces tems d'exaltation ou de fureur. Ils ont dit souvent dans leurs journaux, que, par l'ordonnance du 5 septembre, ils avaient sauvé la France. N'auraient-ils pas commis une erreur ? En disant la France, n'auraient-ils pas voulu dire le Ministère ? La rigueur qu'ils ont mise dans l'exécution des lois de 1815, et la persévérance avec laquelle ils les soutiennent, sembleraient prouver qu'ils étaient bien plus ennemis des hommes que des mesures, et qu'ils tenaient beaucoup plus à défendre leur poste, qu'à s'opposer aux persécutions.

Si le projet de loi ne caractérise aucun nouveau délit, s'il ne porte aucun adoucissement aux lois pénales, pourvoit-il du moins aux intérêts des personnes qui pourront être lésées par des écrits rendus publics ? Il n'en dit pas un mot, et si nos lois civiles n'avaient pas tout prévu à cet égard, nous n'aurions pas la liberté, nous aurions la licence de la presse.

Il ne faut pas croire cependant que le nouveau projet ne doive rien changer aux dispositions des lois civiles ou criminelles. Les six premiers articles qui paraissent si clairs , et qui sans doute ont été rédigés dans les intentions les plus droites, peuvent favoriser singulièrement l'arbitraire.

Rien n'est plus dangereux en matière criminelle que les expressions équivoques. Si l'on ne met pas dans le langage de la législation une rigueur mathématique, il n'y a plus de sûreté, et les actions les plus innocentes ou les plus louables peuvent être transformées en crimes. Nous en avons fait l'expérience dans la procédure à laquelle a donné lieu le troisième volume du Censeur Européen.

C'est un principe de nos lois civiles que chacun est responsable du dommage qu'il a causé ou qu'il était tenu d'empêcher.

« Tout fait quelconque de l'homme, dit l'article 1382 du Code civil, qui cause à autrui un dommage, oblige celui par la faute duquel il est arrivé, à le réparer.

« Chacun est *responsable*, ajoute l'art. 1383, du dommage qu'il a causé non-seulement par son fait, mais encore *par sa négligence ou par son imprudence.* »

On peut donc, suivant ces dispositions, être tenu de réparer le dommage que l'on cause à autrui, même involontairement. La raison en est simple : il y a plus de justice ou de raison à faire supporter à celui qui se trompe ou qui est négligent, les suites de son erreur ou de sa négligence, qu'à les faire supporter à un tiers qui n'a à se reprocher ni négligence ni erreur. Les dommages qu'on accorde aux parties lésées ne sont pas considérés, au reste, comme une peine qu'on inflige à ceux qui les ont occasionnés : c'est une simple réparation qui doit toujours être proportionnée, non à la gravité de l'erreur ou de la négligence qui ont causé le mal, mais au tort qui a été réellement souffert.

En matière criminelle, on raisonne sur d'autres principes. Les peines qu'on inflige aux coupables n'ont pas pour objet de réparer le mal qui a été fait, car l'infliction d'une peine ne produit rien, ni pour celui qui a souffert du délit, ni pour la société. Elles ont pour but, ou de corriger les criminels, ou d'effrayer par l'exemple ceux qui seraient tentés de le devenir; aussi, la gravité de la peine n'est pas en raison de la gravité du mal qui a été causé, mais en raison du degré de perversité que le délit suppose dans celui qui l'a commis.

La *responsabilité* n'est donc pas la même chose que la *culpabilité* : on est responsable du mal causé par imprudence, par négligence, ou même par erreur; on n'est punissable que pour ses délits, et il n'y a point de délits là où il n'y a pas d'intention criminelle. Il importe donc de bien distinguer le cas où un individu ne peut être que responsable, de celui où il est punissable. Si l'on parvenait à confondre ces deux cas, et à faire appliquer au premier les principes qui ne doivent être appliqués qu'au second, il n'y aurait plus de sûreté pour personne, puisqu'on pourrait être puni sans avoir commis aucun délit.

Dans la plupart des poursuites qui ont été dirigées contre des écrivains ou contre des imprimeurs, le talent du ministère public a consisté à confondre ces deux choses. Mais ce n'est que dans l'affaire relative au troisième volume du Censeur Européen, que la distinction a été clairement établie. Comme les auteurs sont remontés aux principes des lois criminelles, le substitut de M. le procureur du Roi a été obligé de s'expliquer, et sa doctrine cette fois n'a pas été équivoque. Il a soutenu que, pour savoir si un éditeur ou un imprimeur étaient *punissables*, il fallait examiner l'ouvrage en lui-même, et n'avoir aucun égard à leurs intentions; parce qu'en cette matière l'intention n'était pas nécessaire pour constituer le crime.

« Les sieurs Comte et Dunoyer, a-t-il dit, » veulent qu'on prenne en considération l'in-

» tention des éditeurs. Nous disons que *cela
» serait possible*, s'il s'agissait d'un ouvrage
» déjà imprimé librement une première fois,
» parce qu'il aurait produit tout son effet; mais,
» lorsqu'il s'agit d'un ouvrage qui n'a pas encore
» paru librement, qui n'a pas été publié, *l'in-
» tention de l'éditeur ne saurait être prise en
» considération.*

» De ce que l'intention de l'auteur doit être
» consultée, *il ne s'ensuit nullement que l'in-
» tention de l'éditeur et de l'imprimeur puisse
» être examinée, parce que les intentions de
» ces deux derniers peuvent n'être pas les
» mêmes que celles de l'auteur, et* CEPENDANT
» ILS SERONT PUNIS DE LA MÊME PEINE,
» PARCE QUE LE PRÉJUDICE QU'ILS CAUSENT A
» LA SOCIÉTÉ SERA LE MÊME.

» L'imprimeur et l'éditeur peuvent ne pas
» s'être associés aux intentions de l'auteur, ne
» pas s'être proposé le but direct de porter at-
» teinte à l'autorité du Roi. Ils peuvent n'avoir
» pas voulu le renversement du gouvernement,
» et n'avoir été unis que par l'appât du
» gain. » (1)

---

(1) Censeur Européen, tom, 5, pag. 160 et 161.

Cette doctrine qui assimilerait l'homicide invo-
lontaire à l'assassinat, est parfaitement conforme,
suivant le ministère public, à la jurisprudence du
tribunal devant lequel elle a été professée. Ce
tribunal ne recherche pas les intentions : il examine en critique la doctrine des écrivains, et
s'il aperçoit qu'elle peut avoir des inconvéniens,
peu lui importe que ceux qui sont amenés devant
lui aient eu des intentions innocentes ou criminelles : il frappe.

J'ai prouvé, en répondant au ministère public, que cette manière de procéder n'était pas
seulement contraire aux lois ; mais qu'elle l'était
encore au simple bon sens. J'ai prouvé que la
responsabilité n'était pas la même chose que la
culpabilité, et qu'on ne pouvait pas confondre
ces deux choses, sans abandonner les principes
les plus sains de la morale et des lois (1). Or les
rédacteurs du nouveau projet de loi, par inad-
vertance sans doute, semblent avoir pris à tâche
de faire sanctionner par l'autorité législative,
cette savante confusion, imaginée par M. Vatis-
ménil et consacrée par le tribunal de police
correctionnelle. Voici comment sont conçus les
six premiers articles du projet.

____

(1) Voy. tom. 5 du Censeur Européen, p. 220, 329.

« Art. 1ᵉʳ. L'auteur , connu et domicilié en France, d'un écrit imprimé *est seul responsable* de son contenu.

» 2. L'auteur , connu et domicilié en France, de la traduction imprimée d'un ouvrage , *en est responsable.*

» 3. L'éditeur d'un ouvrage dont l'auteur est décédé avant de l'avoir publié , ou n'est pas connu , ou n'est pas domicilié en France, *en est responsable.*

» 4. L'imprimeur n'est *responsable* que lorsque l'auteur, ou le traducteur, ou l'éditeur ne sont pas connus, ou ne sont pas domiciliés en France, ou lorsque l'auteur ou le traducteur n'ont pas consenti à l'impression de l'ouvrage.

» 5. Si l'auteur, le traducteur, l'éditeur ou l'imprimeur d'un ouvrage ne sont pas connus, ou qu'aucun d'eux ne soit domiciliés en France, le libraire et tous autres qui vendent ou distribuent ledit ouvrage, *en sont responsables.*

» 6. Néanmoins, les auteurs, traducteurs, éditeurs et imprimeurs d'un écrit qui provoquerait directement à des crimes, et les libraires ou tous autres qui en feraient la vente ou la distribution, *en sont tous également responsables,* et peuvent être poursuivis en même temps en raison dudit écrit. »

Ces dispositions paraissent fort claires; et je ne doute pas que beaucoup de personnes ne les aient trouvé telles. J'avouerai cependant qu'elles me paraissent tout-à-fait inintelligibles.

Que signifie l'article premier, suivant lequel, l'auteur connu et domicilié en France, d'un écrit imprimé, est *seul responsable de son contenu* ? Cela signifie-t-il que l'auteur *seul* peut être *poursuivi et puni* pour les délits qu'il a commis au moyen de son ouvrage ? Ou cela signifie-t-il qu'il est seul tenu de réparer les dommages qu'il a causés ?

Si l'on entend que l'auteur est seul punissable pour les délits qu'il a commis au moyen de son écrit, je demanderai si l'individu qui salarierait un misérable pour lui faire composer un libelle; qui ferait ensuite lui-même imprimer cet écrit, et qui le répandrait avec profusion pour diffamer son ennemi, devrait rester impuni ? Si c'est ainsi que le projet est entendu, il me paraît beaucoup plus favorable à la licence qu'à la liberté.

Veut-on dire que l'auteur seul est responsable des dommages qu'il a causés par son écrit ? Il faut alors s'exprimer différemment : il faut déclarer qu'il est *seul* tenu de réparer *le dommage* qu'il a causé, et ne pas dire qu'il est responsable *du contenu de son livre* , car cela n'a point de sens. Pourquoi d'ailleurs l'auteur serait-il *seul* tenu de réparer le dommage qu'il a causé , et pourquoi en faire une déclaration nouvelle ? Nos lois civiles n'ont-elles pas déjà fait la même déclaration pour tous les cas possibles , et est-il nécessaire de faire une disposition spéciale pour la liberté de la presse ? On peut nuire à autrui de mille manières différentes; et lorsque tous les cas sont prévus d'une manière générale , il devient au moins inutile d'en prévoir un en particulier.

Dans l'affaire du Censeur Européen , le ministère public avait posé en principe que l'éditeur et l'imprimeur d'un ouvrage devaient être punis , quoiqu'ils n'eussent eu aucune intention criminelle , si cet ouvrage pouvait avoir quelque mauvais effet. Il s'était fondé sur ce que , suivant les lois civiles , chacun est *responsable* du *dommage* qu'il cause *par négligence ou par imprudence.* Le tribunal avait sanctionné cette doctrine par son jugement : « Attendu , avait-il » dit , que toute personne qui publie un écrit » est *responsable de ce qu'il renferme* , et peut » par conséquent être poursuivi et puni , s'il est » condamnable. » Or , ce que M. Vatimesnil et le tribunal de police correctionnelle avaient décidé pour les éditeurs et les imprimeurs, le projet de loi le décide pour les auteurs.

Le résultat de cette doctrine doit être une interdiction absolue de publier ses opinions sur quelque matière que ce soit ; puisqu'il n'y a pas une opinion, quelque sage qu'elle puisse être, de laquelle un esprit faux ne puisse tirer des conséquences dangereuses. Un écrivain demandera-t-il, par exemple, qu'une loi qui lui paraîtra nuisible, soit réformée ? Mais, pour faire voir qu'elle doit être réformée, il faudra qu'il démontre qu'elle est vicieuse, et s'il démontre qu'elle est vicieuse, il sera condamné comme ayant tenté d'affaiblir, par des injures et des calomnies, le respect dû à la personne et à l'autorité du Roi ; les juges correctionnels lui déclareront qu'*en s'élevant contre des institutions permanentes ou temporaires jugées nécessaires au gouvernement, que la loi reconnaît, que le Roi maintient, et que cependant il représente comme des institutions despotiques, il donne à entendre que le roi gouverne despotiquement, qu'il est l'oppresseur de son peuple, qu'il ne mérite pas leur appui et ne possède pas leur affection* (1). Se permettra-t-il de critiquer des

____

(1) Jugement contre les auteurs du Censeur Européen.

projets de loi ? Mais les critiquer, ce sera démontrer qu'ils sont vicieux ; ce sera faire injure au Roi, au nom duquel ils sont présentés ; ce sera affaiblir le respect dû à sa personne et à son autorité ; ce sera, en un mot, se rendre coupable des délits prévus par la loi du 9 novembre. Lui sera-t-il permis au moins de raisonner sur les gouvernemens en général, et de faire des utopies ? pas davantage ; car il serait condamné *pour avoir provoqué dans le systéme général du gouvernement et de l'administration, des changemens, des modifications qui se rapprochent des formes républicaines, et qui s'écartent des principes de la monarchie, telle qu'elle est actuellement constituée* (1).

On s'imagine peut-être qu'il pourra se défendre en prouvant qu'il a voulu uniquement faire réformer la législation pour la rendre moins vicieuse ; que bien loin d'avoir eu l'intention de nuire au gouvernement, il a voulu au contraire lui être utile, en lui faisant connaître des causes de mécontentement, et en lui indiquant les moyens de les écarter. Le ministère public lui répondra que la loi le déclare *responsable* de ce qu'il a écrit : qu'il importe peu de savoir quelles

____

(1) Même jugement.

ont été ses intentions , parce que chacun est responsable du dommage qu'il cause par négligence, par imprudence ou par erreur. Il examinera ensuite quel aurait été l'effet probable de l'ouvrage ; et après une dissertation critique, et une déclaration bien naïve qu'il n'entend rien aux causes qu'il est chargé de poursuivre, il requerra des emprisonnemens, des amendes, des surveillances de haute police , contre l'écrivain qu'il n'aura pas entendu, ou dont il aura dénaturé les pensées. Celui-ci ne pourra pas se justifier en prouvant qu'il n'a causé aucun dommage; car le projet de loi le déclare *responsable*, non du *dommage qu'il a causé*, mais du *contenu de son livre.*

Il ne faut pas se le dissimuler, avec la doctrine du ministère public, la jurisprudence des tribunaux et les six premiers articles de la nouvelle loi sur la presse, il y aura beaucoup moins de liberté en France, qu'il n'y en ait eu à aucune époque.

Mais si, d'un côté, ces articles sont destructifs de toute liberté, ils laissent, d'un autre côté, un vaste champ à la licence. Le premier article porte que l'auteur connu et domicilié en France est *seul* responsable de son contenu. Je suppose que cela signifie que personne, excepté l'auteur, ne peut être poursuivi ni par la voie criminelle, ni par la voie civile, à raison de l'impression ou de la distribution d'un écrit. Si c'est là le sens de la loi, et il serait difficile de lui en donner un autre, j'avoue que les ministres ont été cette fois un peu trop libéraux. Tous les hommes sages, du moins je le présume, désirent la liberté de la presse; mais je ne pense pas que personne en désire la licence, à moins que ce ne soit ceux qui en voudraient l'asservissement. Or, conçoit-on qu'il puisse, ainsi que je l'ai déjà dit, être permis à un individu de salarier un libelliste, de lui fournir la matière de ses libelles, de les faire imprimer ensuite, et de les répandre avec profusion, sans être soumis à aucune peine, et sans que les personnes qu'il aurait diffamées aient le droit de former contre lui une action civile en dommages, pour le tort qu'elles auront éprouvé?

Dans un pays bien policé, chacun doit être puni pour ses délits, et être tenu de réparer les dommages qu'il a causés. Il ne faut pas d'exception pour les délits qu'on peut commettre ou pour les dommages qu'on peut causer avec des écrits. L'objet du projet de loi est de faire cesser la pratique scandaleuse de condamner à des peines criminelles , des imprimenrs ou des libraires qui n'avaient commis aucun délit ; mais , pour réprimer un excès, il ne faut pas tomber dans un autre. L'usage qu'on suit en Angleterre, me paraît préférable à celui que le projet de loi tend à introduire : cet usage consiste à ne jamais considérer le fait seul de l'impression ou de la vente comme un délit ou comme une preuve de la complicité de l'imprimeur ou du libraire , et à les laisser ensuite l'un et l'autre soumis aux règles ordinaires pour les délits ou pour la responsabilité civile.

« L'auteur , dit M. Phillips , est coupable *prima facie*, si l'écrit est par lui-même un libelle (ce dont le jury est juge compétent) , et si son intention malicieuse peut être complètement et incontestablement inféréc de la fausseté , de l'esprit malveillant , du dessein de nuire manifestés dans l'écrit.

« Mais l'imprimeur et le distributeur sont exempts de blâme , s'il paraît qu'ils ont imprimé et publié l'écrit sans avoir d'autres vues que d'exercer leur profession , et s'il n'est pas prouvé qu'ils avaient quelque connaissance du contenu et de l'objet de l'écrit qui sert de base à l'accusation. Imprimer et vendre des livres sont des occupations permises et honorables ; et, quoiqu'un libelle puisse avoir été imprimé dans les ateliers d'un imprimeur, et vendu dans la boutique d'un libraire, l'un et l'autre peuvent n'être *coupables*, ni de l'impression, ni de la publication dans le sens de la loi criminelle.

» Pour prouver qu'ils sont punissables, il faut nécessairement faire la preuve de leurs intentions malicieuses ; il faut qu'il leur ait été donné d'avance quelque avertissement qu'ils aient dédaigné ; en un mot, pour justifier contre eux une déclaration de culpabilité, quelque inconduite de leur part, indiquant leur intention de nuire, doit être prouvée. Il ne serait pas plus inique de condamner comme coupable d'assassinat l'homme qui aurait jeté une pierre derrière un mur, et qui aurait tué quelqu'un qu'il ne savait pas se trouver là, que de déclarer un imprimeur ou un libraire coupable d'avoir imprimé ou vendu un libelle qu'il ne savait pas être dans un livre qu'on lui avait donné à imprimer ou à vendre. Dans ce cas, comme dans toutes les accusations criminelles, l'obligation de fournir la preuve repose toute entière sur le poursuivant ; et si, au moyen de leurs employés ou de leurs amis, les accusés prouvent qu'ils n'ont pris aucune connaissance du prétendu libelle , c'est de leur part une preuve surérogatoire ; ils auraient pu s'en dispenser (1). »

Les six premiers articles du projet de loi , en substituant les principes de la responsabilité civile aux principes qui servent de base aux lois criminelles , donnent aux tribunaux le moyen d'infliger des peines aux auteurs , aux imprimeurs et aux libraires , qui n'ont commis aucun délit; et, d'un autre côté, ils déclarent exemptes de peine et de responsabilité des personnes qui peuvent être réellement coupables , ou qui peuvent avoir causé des dommages considérables.

On s'est élevé contre l'article six , suivant lequel les auteurs, traducteurs, éditeurs, imprimeurs et distributeurs d'un écrit qui provoquerait directement à des crimes, en sont tous également responsables. On a dit, et avec raison, que cet article rendait illusoires les articles précédens, puisqu'il obligeait les imprimeurs et les libraires à se constituer les censeurs des ouvrages qui leur seraient remis à imprimer ou à vendre. On aurait voulu que, dans ce cas, comme dans les

____

(1) Des pouvoirs et des obligations des jurés, chap. 10, par sir Richard Phillips.

autres , les imprimeurs et les libraires fussent exempts de responsabilité.

L'article est sans doute fort mal rédigé , puisqu'il rend les éditeurs , les imprimeurs et les libraires passibles de peines fort graves , sans permettre d'examiner si l'impression ou la publication ont été faites dans des vues innocentes ou criminelles. Mais ce ne serait pas une erreur moins grave de déclarer l'éditeur , l'imprimeur et le distributeur d'un écrit , exempts de peines et de responsabilité , toutes les fois que l'auteur en serait connu. En fait de crimes , comme en fait de délits , l'action unique d'avoir imprimé , fait imprimer , distribué ou fait distribuer un ouvrage , ne peut être punissable qu'autant que l'éditeur , l'imprimeur ou le distributeur ont agi dans des vues criminelles : et ces vues ne peuvent jamais être inférées du seul fait de l'impression ou de la distribution.

Les proclamations que Bonaparte a répandues en France, étaient sans doute des écrits punissables , et les personnes qui les ont imprimées ou répandues dans la vue de favoriser son entreprise , ne pouvaient pas être considérées comme innocentes. Cependant, lorsque cet ex-empereur a été déchu de l'empire une seconde fois, et que les Bourbons ont été rétablis sur le trône , ces mêmes proclamations ont été recueillies, imprimées et distribuées de nouveau, sans que personne se soit avisé de prétendre que les éditeurs, les imprimeurs ou les libraires, fussent punissables ou responsables. D'où vient cette différence entre les uns et les autres, si ce n'est de la différence d'intention ?

Les six premiers articles du projet de loi pourraient être réduits à ces termes : Tout individu est punissable pour les délits ou pour les crimes qu'il commet au moyen de la presse. Le seul fait d'avoir imprimé ou vendu un écrit, ne peut être considéré comme un délit, ou comme un crime. La culpabilité de l'imprimeur ou du libraire doit être prouvée par des faits indépendans de l'impression et de la distribution.

L'article 7 du projet de loi est ainsi conçu :

« Il peut y avoir lieu à poursuite pour tout écrit
» livré à l'impression dans les deux cas suivans ;

» 1°. Si la déclaration prescrite par la loi du
» 4 octobre 1814, n'a pas été faite.

» 2°. Si l'écrit, quoique la déclaration en ait
» été faite, contient une provocation directe à
» des crimes. »

La déclaration prescrite par la loi du 21 octobre, est une obligation imposée à l'imprimeur ; je conçois donc que l'imprimeur qui manque à cette obligation , puisse être poursuivi et puni, suivant les dispositions de la loi qui déclare cette contravention punissable. Mais conçoit-on qu'un auteur puisse être poursuivi , par la raison qu'un imprimeur , qui ne dépend pas de lui , a commis une contravention aux réglemens sur l'imprimerie ? Conçoit-on que la contravention commise par un individu , puisse devenir le délit d'un autre individu ? Les rédacteurs du projet ont-ils voulu dire que l'imprimeur qui aura commis une contravention , sera poursuivi pour cette contravention ? Si ce n'est que cela , il ne valait pas la peine d'en faire un article ; si c'est autre chose , il faudrait l'expliquer.

La liberté de la presse consiste à faire imprimer et à publier ses opinions, sans que l'autorité ait le droit de les inspecter avant la publication : or si un écrit peut être saisi sous prétexte qu'il contient une provocation directe à des crimes, il n'y aura pas d'écrit que la police ne puisse examiner avant la publication , puisqu'elle pourra toujours prétexter que l'écrit qu'elle voudra soumettre à son examen , renferme les provocations prévues par la loi. Il est un cas cependant où l'autorité pourrait avoir à saisir des écrits avant la publication ; ce serait le cas où ayant découvert un complot ou une conspiration, elle ferait enlever les écrits des prévenus comme pièces de conviction ; mais ce cas n'a rien de commun avec la liberté de la presse. L'obligation de saisir les pièces de conviction dans quelque genre de crimes que ce soit, est établie par le Code d'instrution criminelle ; il n'est pas nécessaire pour cela que ces pièces aient été livrées à l'impression, on peut les saisir par-tout où elles se trouvent.

Après avoir ainsi établi les cas où un écrit livré à l'impression peut donner lieu à des poursuites, les auteurs du projet ont ajouté :

« Art. 8. Hors ces deux cas, nul ne peut être poursuivi pour un écrit imprimé, qu'autant qu'il y a eu publication dudit écrit.

» Sont considérés comme publication, soit la distribution de tout *ou partie* de l'écrit, *soit le dépôt qui en est fait en exécution de l'article* 14 *de la loi du* 21 *octobre* 1814. »

A une époque de la révolution où il n'existait pas un individu qui ne voulût travailler au bien public, un brave sans-culote s'élève au milieu d'un club, et après avoir discouru sur les avantages dont jouissent les villes maritimes, il demande gravement que Nanterre soit déclaré port de mer. Cette motion m'avait toujours paru fort plaisante ; mais j'avoue qu'elle ne l'est plus tant à mes yeux, lorsque je considère que de sages ministres viennent d'en faire une semblable. Ils avouent que la liberté de la presse est éminemment utile, et que cette liberté ne peut pas exister, si l'on ne jouit pas du droit de publier librement ses écrits. Ils déclarent ensuite que nul ne pourra vendre ou distribuer un écrit, avant d'en avoir déposé cinq exemplaires dans leurs bureaux; puis ils ajoutent *ce dépôt sera une publication*. Voilà certes une publication dont le public et les écrivains retireront les mêmes avantages que ceux qui devaient résulter de la motion de notre honnête citoyen, pour les habitans de Nanterre.

« Art. 9. Lorsqu'un écrit imprimé aura été saisi en vertu de l'article 15 du titre 2 de la loi du 21 octobre 1814, l'ordre de saisie et le procès-verbal seront, sous peine de nullité, notifiés dans les ving-quatre heures à la partie sur laquelle la saisie aura été faite, et transmis dans le même délai au procureur ou au juge d'instruction, avec un exemplaire dudit écrit. »

Voilà de nouveau la petite loi du 28 février, cette concession royale que le ministre de la police a fait sonner si haut, et qui n'a rien garanti, si ce n'est l'impossibilité d'obtenir justice. Sous la loi nouvelle, comme sous l'empire de la petite loi, l'ordre et le procès-verbal de saisie devront donc être notifiés aux parties sous peine de nullité. Mais qu'arrivera-t-il s'ils ne sont pas notifiés ? Il arrivera qu'ils seront déclarés nuls, que l'auteur sera poursuivi comme s'ils étaient valables, et que le tribunal confisquera son ouvrage. Cela pouvait paraître absurde sous la petite loi qui n'en disait rien ; mais les juges ont levé la difficulté, et le nouveau projet, avant que la Cour de cassation eût prononcé, est venu lui apprendre quel était l'arrêt qu'elle avait à prononcer.

« En matière de crime et de délit, dit l'article 21, l'annullation du procès-verbal de saisie pour vice de forme, ne fera, dans aucun cas, obstacle à la continuation des poursuites et au jugement contre l'ouvrage. Il en sera de même à l'égard du prévenu, si le fait qui lui est imputé est d'ailleurs prouvé par l'instruction. »

Je rappellerai ici ce qui a été déjà observé dans le cours de la procédure sur le troisième volume du Censeur Européen. Lorsque des actes ont été faits régulièrement, et que la loi les déclare éteints faute de notification dans un temps donné, il n'est pas vrai qu'ils soient nuls par défaut de forme ; ils sont nuls parce que la partie qui devait en faire faire la notification les a abandonnés.

N'est-il pas ridicule d'ailleurs de déclarer à l'article 10 que l'ordre et le procès-verbal de saisie seront nuls faute de notification, et de dire, à l'article 21, que cette nullité ne sera d'aucune utilité pour les parties ? N'y aurait-il pas plus de franchise à reconnaître que le ministère public ne sera tenu de faire aucune notification ? On semble avoir affecté de séparer les dispositions de l'article 10 des dispositions de l'article 21, pour faire croire que ses dispositions auraient quelqu'effet, tandis qu'il est évident qu'elles ne peuvent en produire aucun, la seconde détruisant entièrement la première.

L'article 10 est remarquable ; on le croirait extrait des statuts de l'inquisition, s'il pouvait exister quelque rapport entre nos magistrats actuels et des inquisiteurs. Il accorde aux coupables trois jours pour se repentir et pour faire pénitence.

« Si dans les trois jours de la notification du procès-verbal, et *dans le cas où aucune distribution de tout ou partie de l'ouvrage saisi n'aurait été faite*, l'inculpé responsable déclare qu'il renonce à le publier, et qu'il consent à ce que tous les exemplaires en soient détruits, la suppression de l'ouvrage et la destruction des exemplaires saisis et de tous ceux qui pourraient l'être ultérieurement, seront ordonnées par le tribunal, et il ne sera fait aucune autre poursuite, *sauf dans le cas où l'écrit imprimé provoquerait ou exciterait directement à des crimes.* »

Une chose m'embarrasse ; cet article ne dispose que pour le cas où *il s'agit de simples délits, et où aucune distribution de tout ou partie de l'ouvrage saisi n'a été faite.* Mais l'article 8 dispose qu'en matière *de délits*, nul *ne peut être poursuivi pour un écrit imprimé, qu'autant qu'il y a eu publication dudit écrit.* Or, si un écrit *non publié*, ne peut donner lieu à aucune poursuite, je voudrais savoir quels seront les écrits non publiés qu'il faudra sacrifier à l'honneur de la police pour échápper aux tribunaux. On saisira donc des écrits qui n'auront pas été publiés, et qui ne provoqueront ni n'exciteront à aucun crime ; car c'est uniquement pour ce cas que dispose l'article 10 ; que devient alors l'article 8 du projet de loi ? Peut-être les rédacteurs ont eu en vue les écrits qui seront saisis lorsque la déclaration prescrite par la loi du 21 octobre n'aura pas été faite ; mais je ne vois pas comment on pourra poursuivre un auteur pour une contravention commise par un imprimeur. J'ai déjà fait remarquer que l'article

21 détruisait les avantages promis par l'article 9. L'objet de l'article 10 serait-il de détruire les garanties données par l'art. 8? Aurait-on voulu autoriser par celui-là, les poursuites qu'on s'est interdites par celui-ci ?

Croit-on d'ailleurs que l'innocence d'un écrivain soit pour lui une garantie bien forte de son acquittement ? Sans doute, les Reverdin, les Maugis, les Charnacé, inspirent une haute confiance au public ; les preuves de lumières, de justice et d'impartialité qu'ils ont données, sont éclatantes. Cependant, si j'étais traduit devant eux par le ministère, pour avoir livré à l'impression des cartes de visite, je ne me sentirais pas très-rassuré ; et comme la restitution de tels écrits ne serait pas fort utile au public, j'en ferais volontiers l'abandon, pour ne pas faire une seconde épreuve de leur justice et de leur impartialité. Nous ne devons pas oublier qu'il n'y a pas fort long-temps qu'un écrivain, poursuivi par le ministère public, a eu à se dé‑fendre d'avoir fait l'éloge de la probité, et que d'autres ont été condamnés pour avoir écrit que les députés français n'avaient pas fait assez d'ef‑forts, pour éloigner de la France les cent cin‑quante mille étrangers qui pèsent sur elle. Ces exemples ne sont pas faits pour inspirer un grand courage aux écrivains bien intentionnés , que le ministère croirait avoir intérêt à poursuivre.

Si un écrivain n'a eu que des intentions honorables, pourquoi exiger qu'il renonce à ses écrits ? Si, au contraire, il s'est rendu coupable d'un délit , comment cette renonciation pourrait-elle le faire absoudre ? Les résultats qu'aura le nouveau projet de loi , s'il est adopté , ne sont pas douteux : les écrivains qui n'auront cédé qu'à l'amour du bien public , et qui auront assez de courage pour sacrifier leur propre sûreté à l'intérêt de leurs concitoyens , seront poursuivis avec rigueur ; quant aux lâches libellistes dont les écrits auront été saisis , on leur fera grace en faveur de leur lâcheté. Un auteur croira-t-il ne s'être rendu coupable d'aucun délit, et s'abstiendra-t-il en conséquence , de faire la renonciation indiquée par la loi , ce sera un misérable endurci dans le crime , qu'il faudra punir de son audace. La crainte d'une condamnation injuste l'obligera-t-elle à faire l'abandon de son ouvrage , ce sera encore un misérable qui aura craint les regards de la justice , et sur lequel la police devra avoir les yeux.

Ce qu'on paraît craindre sur-tout dans les accusations relatives aux abus de la presse , c'est l'usage du droit de se défendre. Dans les temps les plus horribles de la révolution , les juges se bornaient à déclarer à un accusé dont ils craignaient la défense , qu'il n'avait pas la parole. Le tribunal de police correctionnelle a fait mieux : il a laissé parler un accusé qu'il aurait pu rappeler à l'ordre s'il s'écartait de sa défense , et le lendemain sur le réquisitoire du ministère public , il l'a condamné pour s'être défendu. M. Vatimesnil , dans son premier plaidoyer contre les auteurs du Censeur Européen , a commencé par déclarer qu'il espérait que, *pour leur intérêt* , ils ne feraient pas usage de leurs moyens de défense ; et dans sa réplique, il s'est montré fort surpris que son invitation n'eût pas produit plus d'effet (1). Un imprimeur

______

(1) Voici le début de cette fameuse réplique :

« Depuis que nous sommes chargés de poursuivre ces sortes de causes, *nous avons dû nous former une idée de la manière dont il convient aux prévenus de se défendre*; et, nous parlant à nous-mêmes, non plus comme magistrat, mais comme particulier, nous nous sommes dit :

« Si j'avais le *malheur* d'avoir composé un ouvrage qui
» *déplût à l'autorité* et lui donnât lieu de diriger des pour-
» suites contre moi, j'examinerais ma conduite et je reti-
» rais mon ouvrage avec impartialité. De deux choses
» l'une, ou mon ouvrage me paraîtrait à moi-même con-
» damnable, ou je croirais que j'ai des moyens de le sou-

(M. Patris) a été condamné par le tribunal de
police correctionnelle ; il s'est abstenu d'appeler

» tenir et d'échapper à la condamnation. Dans le premier
» cas , je dirais à la justice : J'ai eu tort, les passions
» m'ont entraîné ; j'ai été égaré par l'imprudence , j'ai
» été plus loin que je ne voulais aller , ma plume a trahi
» mes sentimens ; prenez acte de mon repentir, et mo-
» dérez la peine autant que la sévérité de votre justice ,
» combinée avec vos sentimens d'humanité, vous le per-
» mettront. »

» Telle fut la conduite qu'inspira , à l'un de ses cliens,
un avocat auquel on pourrait, à juste titre, appliquer la
définition que Cicéron donne de l'orateur : VIR PROBUS
DICENDI PERITUS. Nous voulons parler de Me. Gicquel, et
plus d'une personne l'a reconnu à ce portrait. Me. Gicquel
avait défendu, devant ce tribunal, le sieur Patris ; *bientôt
il se pénétra lui-même de l'impossibilité et des inconvéniens de cette défense; il conseilla au sieur Patris de ne
pas interjeter appel ; le sieur Patris fut docile à la voix
de son avocat.* »

» Ou bien Messieurs, fort de la persuasion que le livre
que j'aurais composé n'a rien que d'innocent , je me pré-
senterais à la justice, et je lui dirais : jugez le livre. *Of-
frirais-je aux tribunaux des moyens de forme , de vains
échappatoires, à l'aide desquels je m'efforcerais d'éluder
une punition que j'aurais méritée ?* Non , Messieurs, si
de tels moyens de défense peuvent n'être pas déplacés dans
les causes ordinaires ; certes, *ils le sont dans celles des
hommes de lettres* , puisqu'il est au-dessous de la dignité
de celui qui veut remplir le ministère auguste d'éclairer

de sa condamnation , parce qu'il a été menacé , dit-on , de se voir retirer son brevet. S'il était vrai qu'en effet une telle menace lui eût été faite, il faudrait croire que celui qui en aurait été l'auteur , n'en avait pas reçu la mission.

La petite loi du 28 février obligeait les auteurs qui voulaient obtenir la restitution de leurs ouvrages à former opposition à la saisie. Un très-grand nombre d'écrits ont été saisis : les écrivains qui ont fait usage des droits qui leur étaient accordés , ont été condamnés , et leurs écrits ont été confisqués ; les autres intimidés par le tri-

---

ses concitoyens , de ne pas soumettre, à l'examen des juges chargés de prononcer sur son sort, *sa conduite toute entière* ; parce qu'il faut que l'écrivain, non-seulement ne soit pas condamné, non-seulement soit pur , mais même ne soit pas soupçonné.

» Voilà Messieurs, quels seraient mes sentimens , si j'avais cette intime persuasion que mon livre n'a rien de condamnable.

» Telle n'a pas été la conduite des sieurs Comte et Dunoyer , et cependant elle conviendrait peut-être à leur réputation d'indépendance et de courage. *Les sieurs Comte et Dunoyer auraient dû éviter, nous le pensons, de vous présenter des moyens que, dans leur intérêt , on a nommés moyens de forme ou moyens préjudiciels, et à l'aide desquels on a voulu vous empêcher d'arriver à l'examen du fond.* »

bunal correctionnel, ont gardé le silence, et ils n'ont pas été poursuivis. Il a paru dès-lors qu'on voulait punir la réclamation de l'ouvrage, bien plus que le prétendu délit qui en avait motivé la saisie, et que l'on consentirait volontiers à ne pas inquiéter personnellement les auteurs qui voudraient bien laisser exercer sur leurs écrits un pouvoir arbitraire. Ce qui n'était alors qu'une présomption devient une certitude par la disposition de l'article 10 du projet de loi.

L'auteur dont les écrits auront été saisis, devra donc, s'il veut échapper à une condamnation, déclarer qu'il renonce à son ouvrage, répétant la leçon qui nous fut donnée par M. Vatimesnil, à l'audience du 5 août, il devra dire à la justice : « J'ai eu le malheur de composer un ouvrage qui » déplaît à l'autorité, et lui donne lieu de diri- » ger des poursuites contre moi : j'ai examiné ma » conduite et relu mon ouvrage avec impartia- » lité.... J'ai eu tort, les passions m'ont en- » traîné ; j'ai été égaré par l'imprudence ; j'ai » été plus loin que je ne voulais aller ; ma plume » a trahi mes sentimens ; prenez acte de mon » repentir, et modérez la peine autant que la » sévérité de votre justice, combinée avec vos » sentimens d'humanité, vous le permettront. » Pourvu que cet acte de confession et de repen-

tance soit fait dans les trois jours, MM. Vatimesnil, Reverdin, Maugis et Charnacé combi-
neront la sévérité de leur justice avec leurs sentimens d'humanité, et l'ouvrge sera confisqué
avec dépens. Mais si l'acte de contrition n'est pas
fait dans le terme fatal, voici ce qui doit arriver.

« Art. 11. Le juge d'instruction est tenu de
faire, dans la huitaine de la réception du procès-
verbal de saisie, son rapport à la chambre du
conseil.

» Art. 12. Si la chambre est d'avis qu'il n'y a
pas lieu à poursuivre, elle prononce la main-
levée de la saisie, et la mise en liberté du prévenu, s'il est arrêté. Dans le cas contraire, elle
ordonne suivant la gravité des faits ou le renvoi
de l'affaire au tribunal de police correctionnelle,
ou l'envoi des pièces au procureur général près
la cour royale, pour être procédé ainsi qu'il est
dit au chapitre du code d'instruction criminelle,
article des mises en accusation. »

L'art. 127 du code d'instruction criminelle,
dispose que le juge d'instruction sera tenu de
rendre compte, au moins une fois par semaine,
des affaires dont l'instruction lui est dévolue.
Cet article ressemble assez à l'article 11 du nouveau projet de loi; mais on se tromperait fort,
si l'on croyait qu'il oblige les juges d'instruction

à quelque chose : il dit bien ce que doit faire le juge d'instruction, mais il ne dit pas ce qui doit arriver, si le juge d'instruction ne remplit pas son devoir. Il n'est pas rare de voir des hommes détenus et au secret, pendant quatre ou cinq mois, avant d'avoir subi aucun interrogatoire, et je pourrais citer des exemples où, après une année de détention des inculpés, le rapport du juge d'instruction à la chambre du conseil n'avait pas été fait. Or, ce qui arrive pour les affaires ordinaires, arrivera, à plus forte raison, pour les abus relatifs à la liberté de la presse, lorsqu'on aura intérêt de suspendre la publication de l'écrit saisi.

Les dispositions de l'article 12 du projet, sont exactement les mêmes que les dispositions des articles 128 et 153 du code d'instruction criminelle. Il ne valait pas la peine de nous en donner une nouvelle édition ; cela peut faire croire que cet article du projet accorde quelque chose, tandis qu'il n'accorde rien. En cela, il ressemble parfaitement à l'article 11. Le code d'instruction criminelle veut que la chambre du conseil soit composée au moins de trois juges ; et l'on s'imagine peut-être que, si deux sont d'avis qu'il n'y a pas lieu à poursuivre, l'ouvrage saisi sera rendu et l'auteur mis en liberté ; mais ce n'est pas cela.

Bonaparte qui, probablement avait peur des échappés aux tribunaux, arrangea ses lois de manière que nul ne pût leur échapper : il voulut que la minorité l'emportât sur la majorité.

« Si, sur le rapport fait à la chambre du conseil par le juge d'instruction, les juges *ou l'un d'eux* estiment que le fait est de nature à être puni de peines afflictives ou infamantes, et que la prévention contre l'inculpé est suffisamment établie, les pièces d'instruction, le procès-verbal constatant la copie du délit, et un état des pièces servant à conviction, seront transmis sans délai, par le procureur royal au procureur général.....

» La chambre du conseil décernera, dans ce cas, contre le prévenu, ajoute l'article 134, une ordonnance de prise de corps, qui sera adressée avec les autres pièces au procureur général. »

Comme on peut faire entrer dans la chambre du conseil autant de juges qu'on veut, et que l'avis d'un seul suffit pour faire maintenir la saisie et renvoyer l'inculpé devant la cour royale, il y aura bien du malheur si le ministère n'est pas maître des délibérations. Il est arrivé, il n'y a pas très-long-temps, qu'un ouvrage non publié a été déféré à la justice. La chambre du conseil était composée de neuf juges : huit étaient d'avis que le fait ne présentait, ni contravention, ni crime, ni délit : le neuvième, voyant qu'il ne pouvait pas faire envoyer les inculpés en police correctionnelle, s'est écrié : « Je vois bien que ces scélérats ont le talent d'éluder toutes les lois ; mais, si je ne puis pas les faire punir, j'aurai du moins le plaisir de les faire envoyer devant la chambre d'accusation, et de faire décerner contre eux une ordonnance de prise de corps. » Ce qu'il a dit a été fait ; sa voix suffisait pour cela.

L'article 13 du projet prévoit le cas où l'ouvrage saisi devra être rendu faute de jugement ; cet article n'est que la répétition d'une partie de la loi du 28 février, et l'on sait comment le ministère public et les tribunaux l'ont interprétée.

L'article 14 porte que « si les pièces sont envoyées au procureur-général, et que la cour royale prononce l'accusation du prévenu, l'affaire sera portée aux plus prochaines assises. » Cette disposition paraît assurer aux accusés une prompte justice : il est bon de remarquer cependant qu'elle ne leur garantit rien du tout. Il dit que l'affaire sera portée aux plus prochaines assises qui suivront la mise en accusation, mais il ne fixe pas le délai dans lequel la mise en accusation devra être prononcée. Or, dans la pratique ce délai est arbitraire ; les cours ordonnent même quelquefois de plus amples informés dont le terme n'est pas limité.

Les dispositions des articles 15, 16, 17 et 18, ayant entre elles beaucoup d'analogie, ne doivent pas être examinées séparément. Ils sont conçus en ces termes :

Art. 15. « L'acte d'accusation sera terminé par le résumé suivant : « En conséquence, N...., est acccusé d'avoir commis, par la composition, traduction ou publication de tel écrit, ou par la vente ou la distribution de tel écrit, tel ou tel crime avec telle ou telle circonstance. »

« » 16. Les questions relatives de l'acte d'accusation seront posées en ces termes : « 1°. L'écrit imprimé présente-t-il tel ou tel cas avéré, exprimé dans le résumé de l'acte d'accusation, avec toutes les circonstances qui y sont comprises? 2°. L'accusé est-il coupable pour avoir composé, traduit ou publié cet écrit, ou pour l'avoir imprimé, ou pour l'avoir vendu ou distribué ? »

« » 17. Si la déclaration du jury n'est affirmative que sur la première question, en tout ou en partie, la saisie sera maintenue et l'ouvrage condamné. Il ne sera prononcé contre les prévenus qu'une simple condamnation aux dépens. »

« 18. Les tribunaux correctionnels pourront

(en matière d'abus de la liberté de la presse)
ordonner sous caution l'élargissement provisoire
du prévenu , conformément à l'article 14 du
Code d'instruction criminelle ; ils pourront aussi,
lors du jugement, user à raison des circonstances
atténuantes, de la faculté qui leur est accordée
par l'article 363 du Code pénal , et même, en
condamnant l'ouvrage , ne prononcer contre les
prévenus qu'une simple condamnation aux dépens. »

Il résulte de ces dispositions que , dans tout
procès auquel un écrit pourra donner lieu, il
devra nécessairement y avoir deux jugemens :
l'un sur l'auteur , l'autre sur l'ouvrage. Quoique,
dans les six premiers articles du projet, les rédacteurs aient confondu la *responsabilité* et la
culpabilité, et qu'ils aient ainsi donné aux juges
la faculté d'infliger des peines à des écrivains qui
n'auront commis aucun délit, il faut supposer
cependant que ce ne sera pas pour eux un devoir,
et qu'ils pourront quelquefois se dispenser de
condamner ceux qu'ils ne trouveront point coupables , ou que du moins ils pourront ne les
condamner qu'aux dépens et à la perte de leurs
ouvrages. Cette faculté de ne pas condamner des
hommes non coupables, qui leur paraissait refusée par les six premiers articles du projet, leur

est textuellement accordée par les articles 17 et 18 ; ainsi, il ne peut pas s'élever des doutes à cet égard. D'un autre côté, il faut supposer, quoique cela ne soit pas bien clair, que les juges qui condamneront des écrivains se renfermeront dans les cas prévus par nos lois criminelles ; cela pourra mettre quelque obstacle à l'arbitraire.

Mais quelles seront les règles que suivront les juges ou les jurés pour prononcer sur les écrits? Nous avons bien des lois qui caractérisent les délits des auteurs ; mais je n'en connais aucune qui caractérise les délits commis par les livres. Les juges correctionnels et les jurés auront-ils le pouvoir arbitraire de prononcer la suppression de toute espèce d'écrits ? S'il doit en être ainsi, il faut reconnaître franchement que nous avons la censure préalable et arbitraire, et ne plus nous parler du droit de publier nos opinions. Les rédacteurs du projet de loi, pour vouloir concilier la censure préalable des écrits, avec l'action des tribunaux et une prétendue liberté de la presse, ont commis une singulière erreur. Comme il paraît que c'est la discussion sur la saisie du troisième volume du Censeur Européen, qui les y a fait tomber, il est nécessaire d'examiner les raisonnemens qui les y ont conduits.

J'ai prouvé devant les juges de la police cor-

rectionnelle, qu'un délit ne pouvait pas existe
sans intention de le commettre, et qu'il ne pouvait pas y avoir d'intention de le commettre,
lorsqu'on se soumettait à la loi destinée à le prévenir. De là, j'ai tiré la conséquence que l'écrivain qui, avant de publier un écrit, en portait ou
en faisait porter cinq exemplaires à la police, et
qui attendait que l'autorisation de le publier
lui eût été accordée par la délivrance du récépissé du dépôt, ne pouvait avoir encouru aucune
peine. J'ai ajouté que si, dans ce cas, le ministère
public pouvait déférer l'écrit à la justice, les
juges n'étaient plus que de véritables censeurs,
dont la mission devait être ou de faire éclaircir
les phrases équivoques, ou de faire supprimer les
passages nuisibles.

Mais je n'ai pas prétendu dire que cette manière de procéder pût se concilier avec le droit
garanti à chacun, de publier ses opinions. Au
contraire, j'ai toujours soutenu qu'elle était entièrement destructive de ce droit; et c'est même
pour cela que j'ai dit que les juges qui remplis-
saient les fonctions de censeurs ne pouvaient infliger aucune peine. Les rédacteurs du projet de
loi paraissent avoir reconnu cette vérité dans les
articles 17 et 18, puisqu'ils autorisent les juges
et les jurés à supprimer des écrits dont les auteurs

n'auront commis aucun délit. Mais pourquoi ne l'ont-ils pas admise toute entière ? Pourquoi n'en ont-ils pas adopté toutes les conséquences ? Si, comme l'expérience l'a démontré, les juges exercent une censure sur les écrits avant la publication ; s'ils l'exercent sur les écrits que les auteurs ou les imprimeurs ont portés à la police avant de les publier, il faut admettre toutes les propositions suivantes :

1°. Au lieu de porter à la police cinq exemplaires imprimés de leurs ouvrages, les auteurs ne seront tenus que d'y porter leurs manuscrits ; et si la police ne juge pas à propos d'en autoriser l'impression et la publication, l'ouvrage sera envoyé aux juges qui prononceront entre l'auteur et les commis du ministère. Cette manière de procéder, sans rien ôter à la *liberté* dont les écrivains jouissent aujourd'hui, aura pour eux l'avantage de les dispenser des frais d'impression qui les ruinent, lorsque leurs ouvrages sont supprimés.

2°. Les commis de la police seront tenus d'indiquer les passages dont la suppression sera exigée, et les juges ne pourront prononcer la suppression que des passages indiqués. L'auteur aura même la faculté de les expliquer et de les rendre dans un sens qui n'aura rien de répréhensible,

Cette méthode aura des avantages immenses sur la pratique actuelle. D'abord, le ministère sera tenu d'indiquer ce qui le blesse réellement; il ne pourra pas, sur des phrases équivoques qu'il applique au Roi, en faire supprimer de fort claires qui ne s'appliquent qu'à lui, et dont il n'a garde de se plaindre. En second lieu, lorsqu'un écrivain aura eu le malheur de faire quelques phrases dignes de suppression, il ne verra point envelopper dans la proscription les autres parties de son ouvrage. Enfin, lorsqu'il aura fait porter son manuscrit à la police, comme il est tenu d'y faire porter cinq exemplaires de ses écrits imprimés, pour obtenir la permission de les publier, il ne se verra pas impunément diffamer dans des libelles qualifiés jugemens.

3°. Les auteurs, éditeurs, imprimeurs ou libraires, qui auront porté leurs manuscrits à la police, conformément à la loi, ne seront soumis à aucune peine pour le contenu de ces manuscrits; ils pourront même, lorsque les commis de la police, ou les juges, si l'affaire est portée devant eux, auront exercé leur censure préalable, les faire imprimer et les publier librement. Dans ce cas, aucune poursuite correctionnelle ou criminelle ne pourra être dirigée contre eux à raison de la publication : ils seront seulement tenus de réparer les dommages qu'ils pourraient avoir causés à des particuliers. Je n'ai pas besoin de faire remarquer les avantages immenses que ces dispositions auraient sur la législation actuelle : tout le monde doit les sentir.

4°. Les auteurs, éditeurs ou imprimeurs qui ne se seront pas conformés aux dispositions précédentes, et qui auraient imprimé ou publié des écrits, sans les avoir soumis à la censure préalable, seront punis des peines fixées par les lois, pour les délits qu'ils auront commis, et leurs ouvrages pourront être saisis et confisqués.

5°. Le droit de publier ses opinions, garanti par la Charte à tous les Français, est aboli : en conséquence les juges peuvent exercer un pouvoir arbitraire sur les écrits qui leur sont soumis avant la publication, et sur ceux qui ont été imprimés ou publiés sans l'autorisation de la police.

Je prie le lecteur de bien remarquer que ceci est beaucoup moins contraire à l'article de la charte qui garantit aux Français le droit de publier leurs opinions, que la pratique actuelle. Je le prie de remarquer aussi que, quoique ces dispositions me paraissent plus conformes au bien général que les dispositions des lois ou du

projet de loi actuels , je ne provoque personne
à les adopter : je craindrais que MM. Reverdin ,
Maugis et Charnacé n'y vissent une provocation *à des changemens , à des modifications
qui se rapprochent des formes républicaines et
s'écartent des principes de la monarchie telle
qu'elle est actuellement constituée.*

De toutes les dispositions du projet de loi ,
les plus destructives du droit de publier ses op-
pinions, après celles qui autorisent les saisies ,
sont celles qui font un devoir aux juges de supprimer en entier les ouvrages saisis. Pour sentir
les conséquences de ces dispositions , il faut savoir comment les choses peuvent se passer. Un
livre est imprimé ; dans ce livre, l'auteur examine
la conduite du ministère , il discute ses mesures,
et ne dit rien qu'il ne puisse justifier ; il parle
aussi de la Charte ou de quelque ordonnance ,
mais sans mettre aucune importance à ces réflexions , ni sans avoir d'autre but que d'indiquer des défauts qu'il croit susceptibles de cor-
rection ; cinq exemplaires sont déposés conformément à la loi ; on les livre aux censeurs de la
police , qui trouvent que le ministère n'est pas
assez ménagé ; l'ouvrage est saisi et déféré à la
justice.

Que va faire le ministère public ? Il commen-

cera par faire un grand éloge des avantages que
produit la liberté de la presse : il dira que chacun a le droit de critiquer les actes du ministère ; il fera remarquer que les accusés ont
étrangement usé et abusé de ce droit ; mais que
ce n'est pas pour cela qu'ils sont mis en jugement. Il fera ensuite l'analyse de l'ouvrage ; il
fera remarquer tous les passages les plus forts
contre les ministres ; il en forcera le sens ; il
leur supposera un but contraire à celui que l'auteur aura clairement indiqué ; ayant toujours
grand soin d'ajouter que ce n'est pas sur ces
passages que porte l'accusation ; il dira même ,
s'il le faut , que les ministres sont trop au-dessus
de semblables attaques pour s'en plaindre.

Après avoir fait remarquer ce qui n'est pas la
véritable cause de la saisie , à des juges qui entendront fort bien ce que cela signifie , il s'arrê-
tera sur un passage bien insignifiant ; il y trouvera un des innombrables délits prévus par la
loi du 9 novembre ; il déclarera que c'est sur ce
passage , et sur ce passage seulement , qu'il fait
porter l'accusation ; il invitera les prévenus et
leur défenseur à ne pas sortir des limites qu'il
aura lui-même tracées ; les juges leur en feront
même un devoir , si cela est nécessaire ; et après
une discussion qui aura porté sur des points

étrangers au véritable objet de la procédure , on condamnera les auteurs pour avoir provoqué directement ou indirectement à désobéir à la Charte ou au Roi, et l'on confisquera l'ouvrage , ce qui est le point essentiel.

Je ne dis pas que cela soit arrivé, ni même que cela puisse jamais être, avec des ministres de bonne foi et des magistrats intègres , tels que ceux que nous avons aujourd'hui. Mais il peut arriver des temps moins heureux, où des écrivains amis de leur pays, auront à lutter contre une autorité vindicative, ignorante et hypocrite : or, c'est dans les temps de justice et de bonne foi, que s'établissent les saines doctrines et les bonnes jurisprudences, qui plus tard servent de sauve-garde aux citoyens. Dans la prévoyance de ce qui pourrait arriver un jour, et pour ne pas laisser établir une jurisprudence vicieuse, nous avons constamment demandé qu'on précisât clairement les passages qui servaient de base aux poursuites, et qu'on ordonnât la restitution de toutes lés autres parties, annonçant l'intention de les publier séparément.

« Au lieu, ai-je dit devant le tribunal correctionnel, de ne reconnaître leurs ouvrages que phrase par phrase, ligne par ligne, et d'obliger ainsi le ministère public à préciser ses accusations, les prévenus les ont reconnus en masse, et ont fourni à leur accusateur un champ immense pour établir ses conjectures.

» Au lieu de demander la restitution des parties de leurs écrits qui ne donnaient lieu à aucune plainte, *ou de les faire imprimer de nouveau,* si l'on refusait de les leur rendre, ils ont laissé envelopper dans la confiscation les parties non répréhensibles avec les parties qui avaient servi de base à leur condamnation.

» Ils ne se sont pas aperçus qu'à l'aide de ce système, et au moyen de quelques mots dont on forcerait le sens, on pourrait, dans un temps où l'on agirait avec peu de bonne foi, étouffer les vérités dont on n'aurait pas le droit de se plaindre, et qui seraient cependant la véritable et seule cause de la poursuite des écrivains (1). »

Le ministère public, dans des vues fort honorables sans doute, s'est opposé avec beaucoup de force à la restitution des parties de l'ouvrage, qui, suivant lui, ne donnaient pas lieu à la poursuite, mais que cependant il a eu soin de faire remarquer aux juges, et qu'il a amèrement censurées ; et le tribunal a prononcé en effet

____

(1) Censeur Européen, tome 5, page 221.

la confiscation des parties innocentes et des parties jugées coupables. Or, les rédacteurs du nouveau projet de loi, sans doute dans des vues fort honorables aussi, ont voulu faire sanctionner par la puissance législative la doctrine de M. Vatimesnil et la jurisprudence du tribunal corretionnel. Les articles 17, 18 et 19 veulent que les juges prononcent la confiscation et la destruction, non de la partie coupable de l'ouvrage seulement, mais indistinctement de toutes les parties. « Tout jugement de condamnation contre un ouvrage, dit l'article 19, ordonnera la suppression et la destruction des exemplaires saisis, et de tous ceux qui pourraient l'être ultérieurement. »

Il semble même que les rédacteurs du projet ont craint que les auteurs dont les ouvrages auraient été confisqués, ne fissent imprimer de nouveau les parties qui n'auraient donné lieu à aucune plainte.

« Quiconque, dit l'article 20, après que la condamnation d'un ouvrage sera réputé connue, le *réimprimera, vendra ou distribuera, pourra être puni du maximum de la peine que les lois auraient permis d'infliger à l'auteur, s'il eût été déclaré coupable par le jury.* »

Les auteurs du projet paraissent avoir porté

si loin la prévoyance, que dans l'article 18 ils assimilent celui qui aurait distribué *une partie* de l'ouvrage à celui qui aurait distribué l'ouvrage tout entier. J'ai fait remarquer les conséquences dangereuses qui pourraient résulter de ces dispositions ; je pense que cela suffit pour que les ministres eux-mêmes prennent soin de les prévenir en modifiant leur projet : s'ils persistaient à assimiler les parties innocentes d'un ouvrage saisi aux parties nuisibles, cela pourrait faire calomnier leurs intentions. D'ailleurs, en ordonnant la destruction d'un *ouvrage*, sans distinction de ce qui est répréhensible ou ce qui ne l'est pas, une faute échappée dans un volume, pourrait amener la destruction de vingt volumes exempts d'erreurs, et ce ne peut pas être l'intention des auteurs du projet.

La destruction d'un ouvrage peut être ordonnée par le tribunal de police correctionnelle et par le jury. Elle doit être ordonnée par le tribunal de police correctionnelle, lorsqu'il s'agit d'un simple délit ; elle doit l'être par le jury, lorsqu'il s'agit de crimes emportant peine afflictive ou infamante. Mais si, lorsqu'un tribunal aura condamné un ouvrage, un individu le distribue ou le fait réimprimer, qu'arrivera-t-il ? L'article 20 dispose qu'il pourra être puni du maximum de la peine que les lois auraient permis d'infliger à l'auteur, s'il eût été déclaré coupable *par le jury*. Mais suivant le projet de loi, le jury ne juge pas les simples délits; voudrait-on faire entendre que la distribution d'un ouvrage condamné comme injurieux pourra être puni de mort ?

L'article 29 du projet peut donner lieu à une autre question, celle de savoir s'il s'appliquera à la réimpression ou à la distribution des ouvrages condamnés avant la promulgation de la loi nouvelle. Comme la plupart des meilleurs ouvrages de notre langue ont été condamnés a être brûlés par la main du bourreau, il n'est pas indifférent de savoir quelles sont les condamnations qui peuvent anéantir un ouvrage pour toujours : les parlemens, les tribunaux révolutionnaires, les censeurs de Bonaparte, et les tribunaux actuels ont condamné des écrivains. Sous chaque régime, on a réhabilité les écrivains qui avaient été condamnés sous les régimes précédens, et l'infamie des condamnations est toujours retombée sur les juges ; cela ne donnerait pas une haute idée de la justice en matière d'écrits ; cela ferait croire aussi qu'on peut, sans être fort criminel, faire réimprimer des ouvrages condamnés judiciairement ; la réimpression des œuvres de Voltaire et de Rousseau en est une preuve.

Chez les modernes, l'action publique, c'est-à-dire, celle qui a pour objet de faire infliger une peine aux coupables, s'exerce par le ministère public : l'action privée ne s'exerce que par les particuliers qui ont quelque dommage à faire réparer. En matière criminelle, ces deux actions peuvent être poursuivies en même temps et devant les mêmes juges ; elles peuvent aussi être poursuivies séparément. Celui qui a souffert d'un délit, peut s'adresser directement aux tribunaux civils, et demander la réparation du dommage qui lui a été causé. C'est même ainsi qu'on procède pour les abus de la presse, dans les pays où l'on jouit du droit de publier ses opinions et où l'on a de justes notions de la justice. En Angleterre, au lieu de condamner à des interdictions, à des surveillances, à des emprisonnemens, on accorde des dommages considérables aux personnes lésées. Ces dommages agissent comme peine sur les délinquans, en même temps qu'ils servent de réparation à ceux qui ont souffert. Si jamais nous parvenons en France à entendre quelque chose à l'administration de la justice, nous suivrons peut-être cet exemple ; mais en attendant, il ne faut pas priver celui qui aura éprouvé des pertes par suite de la publication d'un écrit, du petit plaisir de faire mettre l'auteur en prison ou sous la surveillance de la haute police. C'est à quoi pourvoit l'article 22 du projet.

L'article 23 est ainsi conçu : « Les crimes ou délits commis par l'abus de la liberté de la presse, et poursuivis d'office par le ministère public, seront jugés par les tribunaux, soit du lieu de la résidence du prévenu ou de l'un d'eux, soit du lieu de la déclaration et du dépôt de l'ouvrage.

» Sil n'y a pas eu de déclaration et de dépôt, lesdits crimes ou délits pourront aussi être jugés par les tribunaux, dans le ressort desquels l'ouvrage aura été imprimé, ou distribué, ou vendu. »

Rien ne prouve mieux l'anéantissement du droit garanti aux français de publier leurs opinions, que les dispositions dans lesquelles on leur parle des abus de la liberté de la presse. En matière criminelle, les peines ont deux objets, ainsi que je l'ai déjà fait observer : d'abord de retenir par l'exemple du châtiment ceux qui seraient disposés à commettre des délits ; et, en second lieu, de corriger ceux qui les ont commis. Pour que l'exemple produise quelqu'effet,

il doit être donné dans le lieu même où le délit
a été commis. Si les français jouissaient du droit
de publier leurs opinions, c'est-à-dire si aucun
examen n'était exercé sur leurs écrits avant la
publication, il serait naturel de poursuivre ceux
qui auraient abusé de ce droit, devant les juges
du lieu qui serait le siège principal de la publication. Mais, comme nul écrit ne pourra être
publié sans une autorisation préalable de l'autorité, on ne peut pas poursuivre les écrivains
auxquels l'autorisation aura été refusée, dans le
lieu où l'écrit aura été publié, puisqu'en effet
il n'y aura pas eu de publication.

Mais, si la publication, c'est-à-dire, la distribution au public, ne constitue pas le délit, quel
est précisément le lieu où le délit se commet?
L'écrivain se rend-il coupable dans son cabinet
au moment où il prend la plume? Se rend-il
coupable, lorsqu'il envoie son manuscrit à l'imprimeur? Est-ce dans le moment où celui-ci va
faire sa déclaration, ou bien lorsqu'il va faire le
dépôt de cinq exemplaires à la police? Il paraît
que le délit peut exister au moment ou l'écrivain
prend la plume, puisque c'est devant les juges
du lieu de son domicile qu'on peut le poursuivre;
il paraît aussi que la déclaration et le dépôt
prescrits par la loi, sont des actes *dont la loi fait*

un délit, puisque c'est devant le tribunal du lieu où ils sont faits que l'action peut être portée.

On peut faire cependant en faveur de l'article 23 du projet, un raisonnement qui ne manque pas de force dans le système des examens et des saisies préalables. On peut dire que les peines ont pour objet de retenir par l'exemple ceux qui seraient tentés de commettre des délits ; mais qu'elles ne peuvent avoir cet objet, que lorsqu'elles sont infligées pour des faits connus du public. Si l'on voyait, par exemple, trancher publiquement, tous les jours, la tête à un homme, sans savoir pour quelle raison, on pourrait bien être saisi de terreur, mais on ne s'abstiendrait pas de telle ou de telle action en particulier, puisqu'on ignorerait si c'est pour des actions de cette nature, que des hommes sont conduits au supplice. Dans ce cas, il serait très-indifférent que les exécutions fussent faites dans un lieu plutôt que dans un autre. Or, c'est précisément ce qui arrive pour ce qu'on appelle les délits de la presse : le public voit bien frapper des écrivains ; mais comme les écrits qui donnent lieu aux poursuites ne parviennent pas jusqu'à lui, il ignore pour quelle cause. Tout ce que peuvent lui apprendre les condamnations, c'est qu'en général, il n'y a point de sûreté à manifester ses opinions ; or, il est bon que cela soit connu dans tous les lieux ; les ministres en dorment plus à l'aise. Il est vrai que cela ne donne pas au public une instruction fort étendue, et qu'il vaudrait beaucoup mieux pour lui que, dans ces sortes d'affaires, la procédure et l'exécution fussent secrètes ; sans rien perdre en instruction, il y gagnerait en sécurité.

Cet article 23 offre aux ministres un avantage qui n'est pas à dédaigner. A Paris, l'opinion publique est forte, comme dans tous les lieux où les réunions sont nombreuses : les journaux y sont asservis comme dans les départemens : cependant, une espèce de pudeur ne permet pas de leur interdire de rendre compte des événemens les plus remarquables, et surtout des débats judiciaires auxquels des poursuites du gouvernement peuvent donner lieu. Lorsqu'un écrivain y est livré aux tribunaux, l'opinion se met donc en mouvement ; l'accusé peut se défendre avec talent, ou trouver un avocat distingué qui prenne sa défense : les journaux ne peuvent pas taire tout ce qui se dit en sa faveur. D'un autre côté, la plupart des ouvrages un peu remarquables s'impriment à Paris ; de sorte que tous les procès qui ont lieu en matière d'écrits, font toujours beaucoup de scandale. C'est ce scandale que l'article 23 donne au ministère le moyen de prévenir.

Si un écrivain qui fera sa résidence au fond d'une province, vient à Paris faire imprimer un ouvrage ou une réclamation contre les vexations des agens de l'autorité, et que son écrit ait le malheur de déplaire, ce n'est pas aux tribunaux de Paris qu'on le livrera; cela ferait connaître à la France la saisie de l'écrit, et peut être même les malversations qui y seraient exposées. Les agens de la police s'empareront des exemplaires imprimés et du manuscrit; l'auteur sera livré aux gendarmes qui le conduiront, de brigade en brigade, dans le lieu de sa résidence; et là il sera jugé sans qu'aucun journal puisse rendre compte des débats; ou s'il en est rendu compte dans le journal du département, ce sera peut-être le fonctionnaire dénoncé dans l'écrit, qui en fera le rapport. L'opinion publique ne pourra se manifester par aucun moyen, et l'affaire sera étouffée et l'écrivain condamné, sans que personne en ait eu la moindre connaissance. Il serait même possible que cela eut lieu pour des auteurs dont les écrits ont été déjà saisis; car je remarque dans le projet de loi, un article qui dispose que les poursuites commencées à la diligence du ministère public devant d'au-

5 *

tres juges, *seront renvoyées devant les juges indiqués par les deux articles précédens.* (Art. 24.)

Un délit peut, en général, demeurer long-temps inconnu, ou, si le fait est connu, on peut ne pas en connaître l'auteur. Il n'en est pas de même des délits qui se commettent au moyen de la presse ; ceux-ci sont connus à l'instant même où ils sont commis. Le temps de la prescription ne doit donc pas être le même pour les uns et les autres. Il est impossible même d'admettre un délai uniforme pour tous les délits qui peuvent se commettre avec des écrits. On ne peut pas assimiler l'ouvrage qui porte le nom de l'auteur ou de l'imprimeur, et qui est vendu publiquement, à celui qui se distribue d'une manière clandestine et qui ne porte le nom d'aucune personne à laquelle on puisse s'adresser : la feuille de journal qui paraît et se lit tous les matins, ne peut pas être assimilée à l'*in - folio* , qu'on se borne à consulter quand on en a besoin.

Toutes les fois qu'il est possible de connaître le délit à l'instant où il vient de *se* commettre et qu'on peut en trouver l'auteur, le temps de la prescription doit être fort court. Un mois est beaucoup plus que suffisant ; c'est le terme que

les lois fixent pour la prescription de beaucoup
d'autres délits, et particulièrement pour les délits ruraux. D'ailleurs, un ouvrage dont les effets
ne se font pas sentir à l'instant même où il paraît, ne saurait être un ouvrage bien dangereux :
on ne pourrait le juger plus tard, sans lui attri-
buer des effets qui auraient été produits par
d'autres causes. En matière politique, la nature
des délits ne change pas seulement avec les dy-
nasties, elle change aussi avec les ministres ; ce
qui est innocent sous un ministère, peut être
jugé criminel sous un autre : or, il ne faut pas
que l'innocence ou la culpabilité des hommes
dépende ainsi des circonstances. L'article 25 du
projet de loi est donc vicieux ; il porte :

« L'action publique, pour abus de la presse,
est prescrite après un an révolu, à compter du
jour où le dépôt de l'écrit imprimé a été fait,
en exécution de l'article 14 de la loi du 21 octobre 1814.

» L'action publique, s'il n'y a pas eu de dépôt, et dans tous les cas l'action civile ne se
prescrit qu'après le temps fixé par le code d'instruction criminelle. »

Je ne parle pas de l'absurdité qu'il y a à diriger des poursuites criminelles contre les écrivains
qui ne publient leurs écrits qu'après en avoir

déposé des exemplaires à la police , et après avoir obtenu l'autorisation de la police par la délivrance du récépissé du dépôt, délivrance qui n'a lieu qu'après l'examen des exemplaires déposés , ou après la saisie de l'ouvrage , s'il est jugé dangereux ; je veux seulement faire observer qu'en fixant le délai de la prescription à un an ou à trois , il n'y a pas un écrivain qui puisse se croire en sûreté , et qui n'ait pas à craindre de se voir condamner dans un an , pour un écrit qui serait aujourd'hui jugé digne d'éloges.

L'article 26 du projet déclare que la loi du 27 février 1817 est abrogée : c'est dommage. Le ministre de la police nous l'avait présentée comme une concession royale , comme une garantie de plus, reçue avec enthousiasme par les deux chambres et par la nation ; il est cruel de se voir ainsi désappointer. Il y a cependant quelque chose de consolant dans cette révocation : on y trouve l'espérance que les mêmes ministres qui , cette année , nous présentent une nouvelle loi comme une garantie du droit de publier nos opinions , pourront bien demander l'année prochaine qu'elle soit révoquée , comme étant entièrement destructive de ce même droit.

Je crois avoir établi que le nouveau projet de loi ne fait que déplacer la censure préalable et

arbitraire , qui s'exerçait sur tous les écrits au-
dessous de vingt feuilles , en vertu de la loi du
21 octobre 1814. Suivant cette loi , la censure
s'exerçait avant l'impression ; suivant la loi nouvelle , elle s'exerce après l'impression , mais
avant la publication. Les censeurs établis par la
loi du 21 octobre , ne supprimaient que quelques passages des écrits qui leur étaient soumis ;
les censeurs établis par la loi nouvelle , suppri-
meront l'ouvrage tout entier , quoiqu'il soit reconnu qu'une partie seulement peut être dangereuse , et il ne sera pas même permis de faire
réimprimer les parties non coupables. Les premiers , qui étaient en général des hommes assez
raisonnables , exerçaient un pouvoir arbitraire
sur les écrits ; les seconds , qui n'entendront
rien aux matières qui leur seront soumises ,
exerceront un pouvoir également arbitraire , puisqu'ils pourront supprimer les écrits , lors même
que les auteurs n'auront commis aucun délit ;
il est vrai que ceux-ci exerceront la censure préalable et arbitraire en simarre, ce qui ne laissera
pas que d'être fort avantageux pour le public.
Enfin , les censeurs de la loi ancienne ne pouvaient condamner à aucune peine les auteurs
qui leur soumettaient leurs écrits ; les censeurs
établis ou confirmés par la loi nouvelle pourront

infliger des peines fort graves aux auteurs qui, avant la publication, leur auront soumis les leurs, par l'intermédiaire de la police. Le nouveau projet de loi est donc encore plus destructif du droit de publier ses opinions, s'il est possible, que ne l'était l'ancienne censure.

Ce projet de loi, bien loin de mieux caractériser les délits, et de faire disparaître l'arbitraire de la loi du 9 novembre, laisse au contraire aux juges une plus grande latitude, en confondant les principes des lois criminelles avec les principes des lois civiles ; en substituant la responsabilité qui n'est que l'obligation de réparer les dommages qu'on a causés, à la culpabilité qui est la soumission aux peines des lois criminelles. Ce projet ne donne aucun moyen nouveau aux personnes qui auront été lésées par des écrits, et relativement aux particuliers, on pourrait abuser de la presse jusqu'à l'excès, si les lois antérieures n'y mettaient ordre.

Il ne change rien à la compétence des tribunaux : les causes qui devaient être jugées par les tribunaux correctionnels, seront portées devant les mêmes juges ; celles qui devaient être portées devant les Cours d'assises, sont encore portées devant les Cours d'assises. Il établit des formes de procédure ; mais il décide en même temps que l'omission de ces formes n'aura aucune suite en faveur des auteurs dont les écrits auront été saisis. Il établit des délais dans lesquels les causes en matière d'écrits saisis devront être jugées ; mais le point de départ de ces délais est fixé arbitrairement par le juge d'instruction, en matière correctionnelle, et par la Cour royale en matière criminelle. Enfin, dans la procédure relative au troisième volume du Censeur Européen, nous avions cherché à prouver qu'avec de la constance, il était possible de publier des opinions qui n'avaient rien de répréhensible ; le nouveau projet de loi anéantit tous les moyens que nous avions indiqués.

Après avoir ainsi, au moyen de 26 articles, enlacé la pensée de toutes parts, de manière qu'elle ne puisse trouver aucune issue sans la permission de la police, les rédacteurs du projet, qui étaient sans doute guidés par les intentions les plus libérales, ont rédigé un 27.e article ainsi conçu : « Les journaux et autres ouvrages » périodiques qui traitent de matières et nou- » velles politiques, ne pourront paraître qu'avec » l'autorisation du Roi. »

Prouver que les journaux pourraient être libres sans danger ; que sans la liberté des journaux le public ne jouit pas de la liberté de la presse , et demander en conséquence que les journaux fussent affranchis de l'arbitraire , ce serait peine perdue. Je ne ferai donc pas la critique du fond de cet article ; je ne chercherai pas comment on pourrait régler la liberté des journaux ; je ferai seulement quelques réflexions sur la manière dont on pourrait en régler l'asservissement.

L'article qui prolonge l'asservissement des journaux pour trois années , devrait à lui seul faire la matière d'un projet de loi. Il ne faut pas qu'une loi temporaire se trouve confondue dans une loi permanente ; parce que les principes de l'une et de l'autre ne sont pas les mêmes. Les circonstances sur lesquelles on fonde la loi temporaire , ne doivent avoir aucune influence sur une loi qui devra subsister encore , quand ces circonstances n'existeront plus. Je présume que le ministère a joint le projet sur les journaux au projet relatif à d'autres écrits , dans la pensée que la reconnaissance qu'inspirerait celui-ci , ferait adopter celui-là sans discussion ; il a joint une loi d'exception à une loi permanente qu'il a cru libérale , afin de la faire passer en cette agréable compagnie. Il me semble que ce n'est pas une raison suffisante pour autoriser cette jonction , et que si les chambres veulent les discuter convenablement l'une et l'autre, elles doivent commencer par les séparer.

L'article sur les journaux me paraît mal rédigé ; les expressions ne rendent pas la pensée des rédacteurs. On a voulu que tout journal fût soumis à l'arbitraire des ministres, et puisqu'on l'a voulu, et que ce doit être en effet le résultat de la loi, il faut le dire ; il faut ne tromper personne. Je serais volontiers d'avis qu'on adoptât la rédaction proposée par M. Cornet-d'Incourt, et par l'auteur des Annales de la session de 1817 et 1818 ; cependant cette rédaction peut être trop restreinte et ne pas prévoir tous les cas ; il vaudrait mieux peut-être dire, en termes généraux, que tout écrit périodique sera soumis à l'arbitraire du ministère et de chacun des ministres.

Je voudrais en outre qu'il n'y eût qu'un journal à Paris, et un dans chacun des départemens. Le premier porterait pour titre : *Journal des ministres*. Le second : *Journal du préfet de tel département*. Les ministres et les préfets seraient responsables devant les chambres, de ce qui serait inséré dans les journaux contre l'intérêt public, et devant les tribunaux de ce qui y serait inséré contre les particuliers.

Il règne dans la partie de la législation relative aux journaux, un désordre intolérable. A Paris, par exemple, il y a huit ou dix journaux qui, tous les matins, s'injurient mutuellement, et qui soutiennent les opinions les plus opposées, quoiqu'ils soient tous sous la même autorité. On pourrait les comparer à ces marionnettes qui, dans nos places publiques, se gourmandent et se rouent de coups, en présence d'un public hébété, qui oublie que tous ces mouvemens et tous ces cris partent de la même main et de la même bouche. Je ne vois là qu'une différence ; c'est que le public des marionnettes a un peu plus de discernement que le public des journaux, et qu'il sait beaucoup mieux remonter des effets aux causes.

Je conçois qu'il peut être commode pour les ministres d'avoir sous leur main huit ou dix journaux. Avec tel, ils parlent aux curés; avec tel autre aux dévotes; avec un troisième aux *ultra*; aux indépendans avec un quatrième; aux maires avec un cinquième, et avec un sixième aux préfets. Ainsi, ils peuvent parler à chacun selon ses intérêts et selon ses opinions ; et c'est pour eux un excellent moyen de se populariser dans toutes les parties. Les contradictions qui existent entre les journaux, donnent d'ailleurs à l'asservissement dans lequel ils se trouvent tous, une apparence de liberté qui en impose ; les ministres peuvent y trouver aussi un excellent moyen d'échapper à la responsabilité qui devrait peser sur eux. Mais c'est pour ces raisons même qu'il ne devrait y avoir qu'un seul journal ; quand on réduit un peuple en servitude pour son bien, il ne faut pas lui faire croire qu'il jouit de la liberté ; cela l'exposerait à manquer de reconnaissance.

En discutant les dispositions du projet de loi, je me suis abstenu de parler de l'état dans lequel se trouve la législation sur l'art de l'imprimerie ; cet art comme tous les autres devrait être livré à la concurrence. Cependant sous une constitution qui proscrit les priviléges, l'imprimeur est un homme privilégié qui n'exerce sa profession que par l'autorisation du gouvernement. C'est là un moyen de dominer les imprimeries, et par conséquent les écrivains qui ne peuvent s'en passer.

Ce n'est pas seulement en dominant les imprimeries que l'administration met des obstacles à la propagation de la pensée et épaissit l'osbcurité où prospèrent les abus ; c'est en dominant tous les moyens de propagation des écrits, une fois qu'ils sont imprimés.

Aucun journal ne peut avertir le public de l'existence d'un écrit, qu'avec la permission de la police. C'est ainsi que les écrits périodiques n'ont pu rendre compte d'aucune de ces nombreuses brochures, où la liberté individuelle a été dans ces derniers temps reclamée avec énergie et talent.

La poste reçoit quelquefois des ordres qui s'opposent à leur envoi dans les provinces; et finalement, les préfets des départemens, qui étant à la nomination du gouvernement, administrent, non dans l'intérêt des peuples, mais dans l'intérêt de l'autorité qui les nomme et qui les paie des deniers de la nation, les préfets, dis-je, devenus des commissaires de la police pourchassent les écrits, qui malgré tant de soins parviennent à pénétrer dans les départemens.

Si à Paris une espèce de pudeur politique et la crainte de l'opinion, toujours plus forte dans les nombreuses réunions, empêche de sévir contre plusieurs écrits qui contiennent quelque blâme, et relèvent quelque abus, dans les villes de province où l'administration n'est balancée par aucun contrepoids, on ne voit circuler que des écrits absolument insignifians.

Je termine ici cette discussion, déjà beaucoup

longue : j'aurais pu l'étendre bien davantage si j'avais voulu faire remarquer tous les vices du projet de loi; mais il ne faut pas lasser la patience de ses lecteurs. Je reviendrai sur ce sujet dans le sixième volume du Censeur Européen.

De l'Imprimerie de RENAUDIERE, rue des Prouvaires, n°. 16.

www.ingramcontent.com/pod-product-compliance
Lightning Source LLC
Chambersburg PA
CBHW061250060726
47596CB00002B/532